Grünkern

Grünkern

Ein außergewöhnliches Getreide mit Pfiff und Charakter

Sein Potential für die

vegan/vegetarische Küche entdecken

Monika Heimann

Copyright © 2020 Monika Heimann
On-Demand Publishing LLC
100 Enterprise Way
Suite A200
Scotts Valley, CA 95066
Alle Rechte vorbehalten.
ISBN: 9798585331534
Imprint: Independently published

Inhalt

Was ist Grünkern eigentlich? 1

Wie koche ich das ganze Korn? 2

Rustikales Frühstück 4

Obstsalat 5

Lauchsuppe 7

Cremige Grünkernsuppe 8

Kürbis-Grünkern-Suppe 9

Grünkern-Kürbis-Salat 11

Rote-Bete-Salat 12

Kartoffelsalat mal anders 13

Pilz-Maronen-Pfanne 15

Kartoffel-Grünkern-Frikadellen 16

Lauchgemüse mit Rosinen 17

Grünkern-Klöße 18

Birnensoße delikat 19

Champignon-Frikadellen 21

Grünkern-Risotto 22

Grünkern-Rösti 23

Zwiebel-Möhren-Pfanne 25

Maultaschen mit Kürbis 26

Gemüsestrudel 27

Gefüllte Paprika 29

Grünkernpfannkuchen 30

Deftige Pfannkuchenfüllung 31

Rotkohl-Pfanne 32

Sauerkrautauflauf 33

Gemüsebratlinge 35

Kraut-Sellerie-Pfanne 36

Süßkartoffelpfanne 37

Pasta Grünkernese 39

Kässpätzle à la Gottfried 40

Grünkern-Chili 41

Mikrowellenkürbis gefüllt 43

Nussbraten 44

Indisches Kraut 45

Brotaufstrich 1 46

Brotaufstrich 2 47

Paprika-Muffins 49

Käsetaler 50

Focaccia 51

Apfelberge 53

Apfelbrot 54

Feine Gewürzkekse 55

Was ist Grünkern eigentlich?

Seine Entdeckung verdankt der Grünkern widrigen Umständen. Nach jahrelangen Missernten durch Dürreperioden oder nasskalte Sommer, schnitten die Bauern in ihrer Verzweiflung ihren Dinkel in unreifem Zustand. Um das Korn haltbar zu machen, wurde es über Feuer getrocknet.

Heutzutage geschieht dies in Darröfen, die das Getreide mittels Heißluft bei 120 - 150 Grad trocknen. So erhält das Dinkelkorn, das nach dieser Behandlung nun Grünkern heißt, seine charakteristische grünliche Farbe und sein herzhaftes und typisch nussartiges und leicht rauchiges Aroma.

Der unreif geerntete Dinkel enthält im Vergleich zu herkömmlichen Getreidesorten einen wesentlich höheren Anteil an hochwertigem Eiweiß, Aminosäuren, Mineralstoffen und Spurenelementen. Sein hoher Gehalt an Kalium, Magnesium, Phosphor und Eisen, Kieselsäure, sowie Vitaminen der B-Gruppe, trägt zu einer ausgewogenen Ernährung bei.

Ein weiterer erwähnenswerter Aspekt ist seine Umweltfreundlichkeit, da er weitestgehend ohne schädliche Pflanzenschutzmittel auskommt.

Grünkern ist erhältlich als ganzes Korn oder zerkleinert in Form von Schrot, Grütze, Grieß oder Mehl. Er kann sowohl für süße Speisen als auch in deftigen Gerichten verwendet werden.

Wie koche ich das ganze Korn?

Für 100 g Grünkern etwa 250 ml Wasser oder Gemüsebrühe verwenden.

Erst 10 Minuten bei starker Hitze kochen, zurückschalten, und bei geringer Hitze zugedeckt 40 - 50 Min. ausquellen lassen. Sehr weich wird der Grünkern, wenn man ihn anschließend im Topf abkühlen lässt. Das erfordert entsprechende Vorbereitungszeit.

Zeit und Energie werden gespart, wenn der Grünkern einige Stunden oder besser über Nacht eingeweicht wird. Die Garzeit beträgt dann nur etwa 15 Minuten. Dadurch bleiben wertvolle Vitamine erhalten.

Rustikales Frühstück

Obstsalat

Rustikales Frühstück

Für 1 Person

Der etwas rauchige Geschmack des Grünkerns verleiht dem Ganzen seine besondere Note.

Das brauche ich:

- 1/4 l Haferdrink
- 50 g feines Grünkernschrot
- etwas Garam Masala
- 150 g Apfelmus
- 1 Prise Salz
- gehackte Nüsse
- Obst nach Belieben

So geht es:

- Haferdrink erhitzen.
- Schrot zugeben und ausquellen lassen.
- Die restlichen Zutaten beifügen.

Zubereiten: 20 Minuten

Info: Garam Masala ist eine indische Gewürzmischung. Sie verleiht den Speisen ein feines würziges Aroma.

Obstsalat

Für 2 Personen

Das brauche ich:

- 60 g Grünkern, ganzes Korn, eingeweicht
- ca. 150 ml Wasser (zum Einweichen)
- 1 Birne
- 1/2 Orange
- 200 g Weintrauben
- 100 g Mandelstifte
- 4 Datteln
- Dattelsirup
- 2 EL Joghurt oder Sojade
- etwas Zimt

So geht es:

- Grünkern sehr weich kochen.
- Auskühlen lassen.
- Obst zerkleinern.
- Alle Zutaten mischen.

Zubereiten: 15 Minuten

Tipp: Mit gepufftem Quinoa oder Amaranth bestreuen.

Kürbis-Grünkern-Suppe

Cremige Grünkernsuppe

Lauchsuppe mit Focaccia

Lauchsuppe

Für 4 Personen

Das brauche ich:

- 1 Zwiebel, gehackt
- 1 Stück Ingwer, fein gehackt
- 2 – 3 EL Öl
- 80 g Grünkernschrot
- 800 ml Gemüsebrühe
- 1 Stange Lauch, fein geschnitten
- Salz, Pfeffer, Muskat
- 80 g Bergkäse, gerieben
- 100 ml Sauerrahm oder Pflanzensahne

So geht es:

- Zwiebel und Ingwer in Öl andünsten.
- Schrot zugeben und etwas anrösten.
- Lauch und Gemüsebrühe zugeben
- 20 Min. köcheln lassen.
- Die restlichen Zutaten beifügen.
- Kräftig abschmecken.
- Mit einem Stabmixer ca. die Hälfte der Suppe pürieren.

Zubereiten: 40 Minuten

Tipp: Dazu die Focaccia (Seite 51) reichen.

Cremige Grünkernsuppe

Für 4 Personen

Das brauche ich:

- 350 g Gemüse nach Wahl (Möhren, Pastinaken, Sellerie, Petersilienwurzel, Blumenkohl)
- 200 g Grünkernschrot
- 1 l Gemüsebrühe
- 1 Dose Kokosmilch (400 ml)
- 2 Stängel Petersilie
- Pfeffer
- Salz
- Schwarzkümmel

So geht es:

- Gemüse klein schneiden.
- Mit dem Schrot und der Brühe ca. 30 Min. köcheln lassen.
- Kokosmilch und Petersilie zufügen.
- Alles pürieren.
- Abschmecken.
- Zum Anrichten etwas Schwarzkümmel auf die Suppe streuen.

Zubereiten: 45 Minuten

Kürbis-Grünkern-Suppe

Für 4 Personen als Vorspeise

Das brauche ich:

- 500 g Hokkaidokürbis
- 1 Zwiebel, gehackt
- 3 EL Öl
- 700 ml Gemüsebrühe
- 50 g Grünkernschrot
- 150 g Kräuterfrischkäse
- Salz,
- Pfeffer
- Muskat
- 2 EL Kürbiskerne
- 2 Stängel Petersilie, fein gehackt

So geht es:

- Kürbis grob würfeln.
- Zwiebel in Öl andünsten.
- Brühe, Schrot und Kürbis zufügen.
- 10 - 15 Min. köcheln lassen.
- Mit dem Stabmixer pürieren.
- Kräuterfrischkäse unterrühren.
- Abschmecken.
- Kürbiskerne rösten.
- Vor dem Servieren mit der Petersilie und den Kürbiskernen bestreuen.

Zubereiten: 30 Minuten

Kartoffelsalat mal anders

Kürbis-Grünkern-Salat

Rote Bete Variationen

Grünkern-Kürbis-Salat

Für 3 Personen

Das brauche ich:

- 75 g Grünkern, ganzes Korn, eingeweicht
- 170 ml Wasser (zum Einweichen)
- 200 g Bleichsellerie oder Chicorée
- 1 Glas Kürbis süß-sauer (200 g Abtropfgewicht)
- 1 Zitrone (Saft)
- Öl
- Curry
- Salz
- Pfeffer

So geht es:

- Grünkern kochen.
- Auskühlen lassen.
- Bleichsellerie fein schneiden. Chicorée darf gröber sein.
- Kürbis abtropfen lassen.
- Alle Zutaten vermischen.
- Abschmecken.

Zubereiten: 30 Minuten

Rote-Bete-Salat

Für 2 Personen

Das brauche ich:

- 75 g Grünkern, ganzes Korn, eingeweicht
- 130 ml Wasser (zum Einweichen)
- 2 Rote Bete, gekocht
- 1 Apfel
- 1 EL Ahornsirup oder Honig
- Essig
- Öl
- Salz
- Pfeffer

So geht es:

- Grünkern sehr weich kochen. Auskühlen lassen.
- Rote Bete und Apfel in kleine Würfel schneiden.
- Alle Zutaten mischen.
- Kräftig abschmecken.

Variation 1:

- 1 TL Kümmel, ganz oder gemahlen
- 2 Stängel Petersilie, gehackt

Variation 2:

- 1 EL Meerrettich

Kochen: 15 Minuten – Auskühlen: 45 Minuten – Zubereiten: 15 Minuten

Kartoffelsalat mal anders

Für 2 Personen

Das brauche ich:

- 50 g Grünkern, ganzes Korn, eingeweicht
- 160 ml Wasser (zum Einweichen)
- 4 große Kartoffeln
- 1/8 l warme Gemüsebrühe
- 300 g Rosenkohl
- 2 Essiggurken
- 1 EL Senf
- 1 EL Essig
- 2 EL Öl
- Salz
- Pfeffer

So geht es:

- Grünkern kochen.
- Kartoffeln kochen, pellen, in Scheiben schneiden.
- Mit der Brühe übergießen.
- Rosenkohl putzen, vierteln, und in Salzwasser nicht zu weich dünsten.
- Essiggurken klein schneiden.
- Alle Zutaten vermengen.
- Kräftig abschmecken.

Kochen: Grünkern 20 Minuten, Kartoffeln 30 Minuten

Zubereiten: 20 Minuten

Kartoffel-Grünkern-Frikadellen

Grünkernklöße mit Birnensoße

Pilz-Maronen-Pfanne

Pilz-Maronen-Pfanne

Für 4 Personen

Das brauche ich:

- 100 g Grünkern, ganzes Korn, eingeweicht
- 250 ml Wasser (zum Einweichen)
- 1 Zwiebel, fein gehackt
- 1 Knoblauchzehe, fein gehackt
- 160 g Pilze
- 300 g Rosenkohl
- 1 Petersilienwurzel
- 200 g Möhren
- 1/8 l Gemüsebrühe
- 200 g Maronen, gegart und vakuumiert
- 1 EL Gemüsebrühpulver
- Kräutersalz
- Pfeffer
- Sojasoße
- 3 EL Sauerrahm oder Pflanzensahne

So geht es:

- Den Grünkern kochen.
- Zwiebel und Knoblauch in Öl andünsten.
- Die Pilze in Scheiben schneiden und kurz mitdünsten.
- Das Gemüse klein schneiden und zugeben.
- Brühe angießen. 10 Min. dünsten.
- Maronen, Rahm und gekochten Grünkern untermischen.
- Mit der Sojasoße und den Gewürzen abschmecken.

Zubereiten: 30 Minuten

Kartoffel-Grünkern-Frikadellen

Für 4 Personen

Das brauche ich:

- 400 g Pellkartoffeln vom Vortag
- 200 g Grünkernschrot
- 375 ml Gemüsebrühe
- 1 Zwiebel, fein geschnitten
- 1 Knoblauchzehe, fein gehackt
- 3 EL Öl
- 4 Stängel Petersilie, gehackt
- 2 Eier
- 50 g Semmelbrösel
- Salz
- Pfeffer
- Koriander

So geht es:

- Das Schrot mit der Brühe übergießen und quellen lassen.
- Die Kartoffeln durch eine Kartoffelpresse drücken.
- Zwiebel und Knoblauch in Öl glasig dünsten.
- Alle Zutaten vermischen.
- Kräftig abschmecken.
- Zu Frikadellen formen.
- In heißem Öl von beiden Seiten goldbraun braten.

Zubereiten: 45 Minuten

Tipp: Dazu schmeckt das Lauchgemüse sehr gut.

Lauchgemüse mit Rosinen

Für 4 Personen

Das brauche ich:

- 100 g Grünkern, ganzes Korn, eingeweicht
- 250 ml Wasser (zum Einweichen)
- 1 kg Lauchstangen
- Öl
- 1/8 l Gemüsebrühe
- 4 EL Rosinen
- 2 EL Schmand

So geht es:

- Lauch putzen, in Stücke schneiden.
- In Öl anbraten.
- Brühe, Grünkern und Rosinen zufügen.
- 25 Min. dünsten lassen.
- Schmand unterrühren.

Zubereiten: 45 Minuten

Tipp: Dazu passen Bratlinge oder Baguette.

Grünkern-Klöße

Für 2 Personen

Das brauche ich:

- 1 Zwiebel
- 1 Knoblauchzehe
- 3 EL Öl
- 140 g Grünkernschrot
- 150 ml Gemüsebrühe
- 1 Ei
- 3 Stängel Petersilie
- 2 EL Speisestärke
- Muskat, gerieben
- Salz
- Pfeffer
- Koriander, gemahlen

So geht es:

- Zwiebel und Knoblauch fein hacken. In Öl andünsten.
- Schrot und Gemüsebrühe zugeben.
- 20 Min. quellen lassen.
- Das Ei, die gehackte Petersilie und die Speisestärke zugeben.
- Mit den Gewürzen herzhaft abschmecken.
- Kleine Klöße formen.
- In heißem, aber nicht kochenden Wasser garen.
- Wenn sie an die Oberfläche kommen noch ca. 5 Min. ziehen lassen.

Zubereiten: 50 Minuten

Tipp: Dazu passt jede beliebige Soße. Wie wäre es mit der raffinierten Birnensoße?

Birnensoße delikat

Eine süß-pikante Soße mit dem gewissen Etwas

Für 4 Personen

Das brauche ich:

- 1 Zwiebel, gehackt
- 1 Stück Ingwer, fein geschnitten
- 2 gehäufte EL Grünkernmehl
- 1 Dose Birnen
- 350 ml Flüssigkeit (Birnensaft und Wasser)
- 1/2 TL Garam Masala
- Salz, Kräutersalz
- Pfeffer
- Muskat
- 3 EL Sauerrahm oder Pflanzensahne

So geht es:

- Die Birnen abgießen. Den Saft auffangen.
- Zwiebel und Ingwer in Öl andünsten.
- Das Mehl zugeben und etwas anrösten lassen.
- Die Flüssigkeit nach und nach einrühren.
- Die Birnen dazugeben.
- Alles mit einem Stabmixer pürieren.
- Pikant abschmecken.
- Zum Schluss den Rahm unterrühren.

Zubereiten: 20 Minuten

Tipp: Das Verhältnis von Birnensaft und Wasser richtet sich nach der Süße der Konserve. Einfach ausprobieren.

Champignon-Frikadellen

Grünkern-Risotto

Grünkern-Rösti

Champignon-Frikadellen

Für 2 Personen

Das brauche ich:

- 100 g Grünkernschrot
- 250 ml Gemüsebrühe
- 1 Zwiebel
- 1 Stück Ingwerwurzel
- 3 EL Öl
- 200 g Champignons
- 1 TL Gemüsebrühe
- 1 kleines Ei
- 100 g Käse gerieben
- Paniermehl nach Bedarf
- Salz
- Pfeffer

So geht es:

- Das Schrot mit kochender Gemüsebrühe übergießen.
- Ca. 15 Min. ausquellen lassen.
- Zwiebel und Ingwer fein hacken und in Öl andünsten.
- Halbierte und in Scheiben geschnittene Champignons zugeben.
- Etwas auskühlen lassen.
- Alle Zutaten vermischen und kräftig abschmecken.
- Sollte die Masse zu weich sein, Semmelbrösel oder Haferflocken zufügen.
- Bratlinge formen und in heißem Öl ausbacken.

Zubereiten: ca. 45 Minuten

Tipp: Die Frikadellen schmecken auch kalt sehr gut.

Grünkern-Risotto

Für 4 Personen

Das brauche ich:

- 1 große Zwiebel, gehackt
- 100 g Möhren
- 100 g Petersilienwurzel
- 100 g Lauch
- 200 g Grünkern, ganzes Korn (evtl. eingeweicht)
- Olivenöl
- 500 ml Gemüsebrühe
- Basilikum
- Thymian
- Salz, Pfeffer
- 50 g Cashewkerne, klein gehackt
- 50 g Tomatenmark
- 4 Stängel Petersilie, gehackt
- Gemüsebrühpulver

So geht es:

- Möhre und Petersilienwurzel in kleine Würfel schneiden.
- Den Lauch in feine Ringe schneiden.
- Mit dem Grünkern anbraten.
- Gemüsebrühe aufgießen.
- Gewürze zufügen.
- 10 Min. kochen lassen.
- Bei wenig Hitze mindestens 30 Min. ausquellen lassen.
- Bei Bedarf noch etwas Flüssigkeit zufügen.
- Cashews, Tomatenmark und Petersilie unterrühren.
- Mit Gemüsebrühpulver abschmecken.

Zubereiten: 30 Minuten – Quellen: ca. 30 Minuten

Grünkern-Rösti mit Gemüse überbacken

Für 4 Personen

Das brauche ich:

- 100 g Grünkern, ganzes Korn, eingeweicht
- 250 ml Wasser zum Einweichen
- 700 g festkochende Kartoffeln
- 1 TL Salz
- Pfeffer
- Muskat
- Öl oder Butterschmalz
- 600 g Gemüse nach Belieben
- 100 g Bergkäse gerieben

So geht es:

- Grünkern garen.
- Kartoffeln in der Schale ca. 20 Min. nicht ganz weich garen.
- Abgießen und erkalten lassen.
- Kartoffeln pellen, grob reiben.
- Mit den Gewürzen und dem Grünkern mischen.
- Das Gemüse klein schneiden.
- In wenig Gemüsebrühe weich dünsten. Wasser abgießen.
- Das Fett in einer Pfanne erhitzen.
- Die Hälfte der Masse bei mittlerer Hitze ca. 5 Min. pro Seite braten.
- Mithilfe eines flachen Tellers die Rösti zügig mit der Pfanne umdrehen.
- Die zweite Hälfte ebenso fertig braten.
- Die Rösti mit dem Gemüse belegen.
- Käse darüber streuen.
- Kurz im Ofen oder der Mikrowelle überbacken.

Zubereiten: 50 Minuten

Zwiebel-Möhren-Pfanne

Gemüsestrudel

Maultaschen

Zwiebel-Möhren-Pfanne

Für 4 Personen

Das brauche ich:

- 100 g Grünkern, ganzes Korn, eingeweicht
- 250 ml Wasser zum Einweichen
- 2 Knoblauchzehen, fein gehackt
- 500 g Möhren
- 500 g Zwiebeln
- Olivenöl
- wenig Gemüsebrühe
- 1 TL Garam Masala
- Kurkuma
- Curry
- Kräutersalz
- Pfeffer
- 100 g Sauerrahm

So geht es:

- Grünkern garen.
- Die Möhren in Scheiben oder Stifte hobeln.
- Die Zwiebeln je nach Größe vierteln oder achteln.
- Mit dem Knoblauch in Öl andünsten.
- Brühe angießen.
- Würzen und bissfest garen.
- Den Grünkern zum Gemüse geben.
- Mit Sauerrahm verfeinern.

Zubereiten: 30 Minuten

Maultaschen mit Kürbis

Für 4 Personen

Das brauche ich:

- 200 g Dinkelmehl Type 630
- 100 g Grünkernmehl
- 4 Eier
- 1 - 2 EL Öl
- 1 TL Salz
- 1 Zwiebel, fein gehackt
- 60 g Lauch, in feine Ringe geschnitten
- 75 g Grünkernschrot
- ca. 150 ml Gemüsebrühe
- 200 g Kürbis, geraspelt
- Salz, Pfeffer, Paprika, Kreuzkümmel

So geht es:

- Mehl, Öl, Salz und Eier gut verkneten.
- Zwiebel in Öl andünsten.
- Den Lauch und das Schrot zugeben. Etwas anrösten lassen.
- Brühe zugießen. Ca. 10 Min. bei wenig Hitze quellen lassen.
- Alles mit dem Kürbis vermengen. Kräftig abschmecken.
- Den Teig auf einer bemehlten Arbeitsfläche ausrollen.
- In vier Stücke schneiden. Jedes Stück noch einmal durchschneiden zu insgesamt acht Rechtecken.
- Die Füllung jeweils auf eine Hälfte geben.
- Die andere Hälfte darüber klappen.
- Den Rand mit einer Gabel festdrücken.
- Die Maultaschen in reichlich kochendes Wasser legen.
- Wenn sie schwimmen noch weitere 5 Min. ziehen lassen.

Zubereiten: 40 Minuten – Kochen: ca. 15 Minuten

Tipp: Eine Gemüsesoße oder die Birnensoße (Seite 19) dazu reichen.

Gemüsestrudel

Für 4 Personen

Das brauche ich:

- 1 Packung Blätterteig
- 140 g Schrot
- 320 ml kochendes Wasser
- 1 Zwiebel, gehackt
- 1 Knoblauchzehe, fein geschnitten
- 3 EL Öl
- 100 g Champignons
- 1/2 kleiner Wirsing
- 1 Möhre
- 100 g Räuchertofu, in kleine Würfel geschnitten
- 180 ml Gemüsebrühe
- 2 Stängel Petersilie, gehackt
- 4 EL Schmand
- Salz, Pfeffer, Muskat
- 1 Ei

So geht es:

- Zum Quellen das Schrot mit Wasser übergießen.
- Zwiebel, Knoblauchzehe und Tofu in Öl andünsten.
- Pilze und Gemüse klein schneiden und zugeben.
- Gemüsebrühe angießen, ca. 10 Min. dünsten.
- Schrot, Petersilie und Schmand unterrühren. Kräftig würzen.
- Die Masse etwas abkühlen lassen.
- Blätterteig ausrollen. Die Masse darauf verteilen.
- Von der Längsseite her aufrollen. Auf ein Backblech legen.
- Mit verquirltem Ei bestreichen.
- Umluft 160 Grad, ca. 30 Min.

Zubereiten: 45 Minuten – Backen: 30 Minuten

Tipp: Der Strudel schmeckt auch kalt sehr gut.

Grünkernpfannkuchen gefüllt

Rotkohlpfanne

Gefüllte Paprika

Gefüllte Paprika

Für 2 Personen

Das brauche ich:

- 3 Lauchzwiebeln, fein geschnitten
- 1 Knoblauchzehe, fein gehackt
- 3 EL Öl
- 100 g Grünkernschrot
- 250 ml Gemüsebrühe
- 20 g Tomatenmark
- 50 g Käse, gerieben
- 60 g gekochter ganzer Grünkern
- Salz, Pfeffer, Koriander gemahlen
- 4 mittelgroße Paprikaschoten
- 1/8 l Gemüsebrühe
- 1/8 l Sahne oder Pflanzensahne
- 1 gehäufter EL Speisestärke.

So geht es:

- Lauchzwiebeln und Knoblauch in Öl andünsten.
- Schrot zugeben. Etwas anrösten lassen.
- Brühe angießen. 15 Min. köcheln lassen.
- Tomatenmark, Käse und gegarten Grünkern zufügen.
- Kräftig würzen.
- Paprikaschoten entkernen, füllen. Deckel wieder aufsetzen.
- Den Rest der Füllung mit der Gemüsebrühe in eine Auflaufform geben.
- Die Paprika hineinsetzen.
- Umluft 160 Grad ca. 30 Min.
- Paprika aus der Form nehmen. Die Brühe mit der in Sahne angerührten Speisestärke binden. Gibt eine leckere Soße.

Zubereiten: 45 Minuten

Grünkernpfannkuchen mit deftiger Füllung

Für 4 Personen

Das brauche ich:

- 250 g Grünkernmehl
- 550 ml Milch
- 3 Eier
- 1 TL Kräutersalz
- gehackte Kräuter nach Belieben
- etwas Mineralwasser
- Öl

So geht es:

- Mehl, Milch, Salz und Eier zu einem glatten Teig verrühren.
- 30 Min. quellen lassen.
- Die Kräuter unterrühren und mit Mineralwasser verdünnen.
- In heißem Öl Pfannkuchen ausbacken.
- Kleine Pfanne benutzen.

Vorbereiten: 10 Minuten
Quellen: 30 Minuten
Ausbacken: 30 Minuten

Tipp: Die Pfannkuchen schmecken ebenso mit süßer Füllung. Auch Apfelmus passt sehr gut.

Deftige Pfannkuchenfüllung

Für 4 Personen

Das brauche ich:

- 1 Zwiebel
- 1 Knoblauchzehe
- 180 g Zucchini
- 300 g Möhren
- 200 g Lauch
- 300 g Pilze
- 1/8 l Brühe
- 4 EL (Pflanzen)Sahne
- 2 EL Grünkernmehl

So geht es:

- Zwiebel und Knoblauchzehe fein hacken.
- In Öl andünsten.
- Pilze in Scheiben, Gemüse klein schneiden und zugeben.
- Gemüsebrühe angießen.
- 20 Min. dünsten.
- Mehl mit der Sahne anrühren und die Masse damit binden.

Zubereiten: 40 Minuten

Rotkohl-Pfanne

Für 4 Personen

Das brauche ich:

- 100 g Grünkern, ganzes Korn, eingeweicht
- 250 ml Gemüsebrühe (zum Einweichen)
- 1/2 Rotkohl
- 125 g Schalotten
- 2 Knoblauchzehen
- 3 EL Öl
- 2 TL getrockneter Majoran
- Salz
- Pfeffer
- 75 g Pecorino-Käse
- 60 g grüne Oliven, halbiert

So geht es:

- Den Grünkern garen.
- Rotkohl fein hobeln.
- Schalotten halbieren oder vierteln.
- Knoblauch fein hacken.
- Mit den Schalotten in Öl andünsten.
- Rotkohl und die Gewürze zugeben.
- Bei mittlerer Hitze und mehrmaligem Wenden 10 - 15 Min. braten.
- Käse in kleine Würfel schneiden.
- Mit dem Grünkern und den Oliven unter den Kohl mischen.

Zubereiten: 35 Minuten

Sauerkrautauflauf

Für 4 Personen

Das brauche ich:

- 100 g Grünkern, ganzes Korn, eingeweicht
- 250 ml Wasser (zum Einweichen)
- 500 g Kartoffeln
- 1 Zwiebel, fein geschnitten
- 1 Knoblauch, fein gehackt
- 2 EL Öl
- 500 g Sauerkraut
- 300 g Ananas in Stücken (Dose)
- 1 TL Kreuzkümmel
- 1 Becher Sahne
- 150 g Bergkäse, gerieben

So geht es:

- Grünkern garen.
- Kartoffeln in der Schale halbweich kochen.
- Zwiebeln und Knoblauch im Öl glasig dünsten.
- Kartoffeln pellen, in Würfel schneiden.
- Ananas abgießen.
- Alles mit dem Sauerkraut mischen.
- Abschmecken.
- In eine große Auflaufform füllen.
- Mit dem Käse bestreuen.
- Bei 200 Grad Ober/Unterhitze ca. 30 Min. überbacken.

Vorbereiten: 20 Minuten – Zubereiten: 30 Minuten

Tipp: Schmeckt auch sehr gut mit Gorgonzola überbacken.

Kraut-Sellerie-Pfanne

Süßkartoffel-Pfanne

Gemüsebratlinge

Gemüsebratlinge

Für 2 Personen

Das brauche ich:

- 1 Zwiebel
- 1 Knoblauchzehe
- 3 EL Öl
- 100 g Grünkernschrot
- 200 g Gemüsebrühe
- 1 kleine Karotte
- 1 kleiner Zucchini
- 1 Ei
- 5 EL Haferflocken
- Paniermehl nach Bedarf
- 1 EL Senf
- Pfeffer
- Salz

So geht es:

- Zwiebel und Knoblauchzehe fein hacken.
- In heißem Öl andünsten.
- Schrot zugeben und kurz anrösten lassen.
- Wasser angießen.
- Bei wenig Hitze 20 Min. quellen lassen.
- Karotte und Zucchini fein raspeln.
- Alle Zutaten gut vermischen.
- Nach Geschmack würzen.
- Sollte die Masse zu weich sein, Paniermehl zufügen.
- Bratlinge formen und in heißem Öl von beiden Seiten braten.

Zubereiten: 50 Minuten

Kraut-Sellerie-Pfanne

Hier gibt eine feine Ingwerschärfe den Ton an

Für 4 Personen

Das brauche ich:

- 100 g Grünkern, ganzes Korn, eingeweicht
- 250 ml Gemüsebrühe (zum Einweichen)
- 1 Zwiebel
- 1 Stück Ingwerwurzel
- 1/2 Weißkohl
- 6 Stangen Staudensellerie
- 2 Möhren
- Gemüsebrühpulver
- Pfeffer
- Kreuzkümmel

So geht es:

- Den Grünkern kochen.
- Den Kohl hobeln.
- Sellerie und Möhren klein schneiden.
- Zwiebel und Ingwer fein hacken.
- In Öl andünsten.
- Das Gemüse und die Gewürze zugeben.
- 15 - 20 Min. weich dünsten.
- Den Grünkern zugeben und abschmecken.

Zubereiten: 40 Minuten

Süßkartoffelpfanne

Für 4 Personen

Das brauche ich:

- 100 g Grünkern, ganzes Korn, eingeweicht
- 250 ml Wasser (zum Einweichen)
- 1 mittelgroße Süßkartoffel (Batate)
- 200 g Pastinake
- 1 Fenchelknolle
- 1 Zwiebel, fein geschnitten
- 1 Knoblauch, fein gehackt
- 3 EL Öl
- 200 ml Gemüsebrühe
- 100 g Erdnüsse, gesalzen
- Salz, Pfeffer
- 1 - 2 EL Ras el Hanout

So geht es:

- Grünkern garen.
- Süßkartoffel schälen und in Würfel schneiden.
- Pastinaken und Fenchel ebenfalls in Würfel schneiden.
- Zwiebel und Knoblauch in Öl andünsten.
- Das Gemüse, die Erdnüsse und die Brühe zufügen.
- Wer die Erdnüsse knackiger mag, fügt sie erst später hinzu.
- 15 - 20 Min. dünsten lassen.
- Abschmecken.

Zubereiten: 45 Minuten

Info: Ras el Hanout ist eine orientalische Gewürzmischung, die in keinem Haushalt fehlen sollte. Gibt's in Bioläden.

Pasta Grünkernese

Grünkern-Chili

Kässpätzle à la Gottfried

Pasta Grünkernese

Für 2 Personen

Das brauche ich:

- 70 g Grünkernschrot
- 180 ml heiße Gemüsebrühe
- 4 Lauchzwiebeln
- 1 Knoblauchzehe
- 3 EL Öl
- 1 kleine Zucchini
- 5 Stangen Staudensellerie
- 1 Dose Tomaten, stückig
- Gemüsebrühpulver
- Salz, Pfeffer, Basilikum
- Paprikapulver, geräuchert
- 360 g Bandnudeln
- Parmesan

So geht es:

- Schrot in der Gemüsebrühe ca. 15 Min. quellen lassen.
- Lauchzwiebeln und Knoblauch fein schneiden.
- In Öl andünsten.
- Das Gemüse klein schneiden und zugeben.
- Die Tomaten und die Gewürze hinzufügen.
- Ca. 15 Min. köcheln lassen.
- In der Zwischenzeit die Nudeln in heißem Salzwasser garen.
- Das Schrot dem Gemüse zufügen.
- Mit dem Stabmixer etwa die Hälfte der Masse pürieren.
- Beim Anrichten mit Parmesan bestreuen.

Zubereiten: 40 Minuten

Kässpätzle à la Gottfried

Für 4 Personen

Das brauche ich:

- 300 g Grünkernmehl
- 15 g Salz
- 1 TL Muskatblüte, gemahlen
- 3 Eier
- ca. 450 ml Wasser
- 5 mittelgroße Zwiebeln
- Öl
- 300 g Bergkäse, grob gerieben

So geht es:

- Mehl, Salz, Eier und Wasser verrühren. Quellen lassen.
- Für die Spätzlepresse darf der Teig fester sein als für den Spätzlehobel.
- Zwiebeln schälen, in feine Ringe hobeln.
- In Öl hellbraun anbraten (dauert ein wenig!).
- Den Teig portionsweise in heißes Salzwasser pressen oder hobeln.
- Die fertigen Spätzle in eine gefettete Auflaufform geben.
- Eine Lage Zwiebeln und eine Lage Käse darüber geben.
- So geht es lagenweise weiter.
- Zwischendurch das Ganze etwas vermischen.
- Den Abschluss bildet eine Lage Käse.
- In der Mikrowelle kurz durchwärmen und den Käse schmelzen lassen.

Zubereiten: 60 Min.

Grünkern-Chili

Für 4 Personen

Das brauche ich:

- 2 Zwiebeln, gehackt
- 2 Knoblauchzehen, fein geschnitten
- 2 Möhren, klein gewürfelt
- 3 EL Öl
- 60 g Tomatenmark
- 1 TL Paprika, geräuchert
- Chili, in Flocken oder gemahlen
- 100 g grobes Grünkernschrot
- 1 Dose Kidneybohnen (400 g)
- 1 Dose Mais (400 g)
- 1 Dose Tomaten, stückig (400 g)
- Salz
- Pfeffer
- Gemüsebrühpulver

So geht es:

- Zwiebeln, Knoblauch und Möhren in Öl andünsten.
- Tomatenmark, Paprika und Chili zugeben und kurz anbraten lassen.
- Die restlichen Zutaten beifügen.
- Alles ca. 25 Min. bei geringer Hitze köcheln lassen.
- Kräftig abschmecken.

Dazu Kartoffeln oder Baguette reichen.

Zubereiten: 45 Minuten

Mikrowellenkürbis

Nussbraten

Mikrowellenkürbis gefüllt

2 Personen

Das brauche ich:

- 1 Mikrowellenkürbis
- 100 g Champignons
- 50 g getrocknete Tomaten in Öl
- 1 Zwiebel, fein gehackt
- 1 Knoblauchzehe, fein geschnitten
- 1 kleines Stück Ingwer, fein geschnitten
- 3 EL Öl
- 60 g Grünkernschrot
- 200 ml Gemüsebrühe
- 1 TL Paprika, geräuchert
- Salz
- 2 - 3 Stängel Petersilie, feingehackt

So geht es:

- An der Stielseite den Deckel abschneiden.
- Kerne und grobe Fasern mit einem Löffel entfernen.
- Pilze und Tomaten klein schneiden.
- Zwiebel, Knoblauch und Ingwer in Öl andünsten.
- Schrot zugeben und etwas anrösten.
- Brühe zufügen. Kurz quellen lassen.
- Mit den Gewürzen und der Petersilie abschmecken.
- Den Kürbis füllen. Deckel aufsetzen.
- Bei 750 Watt ca. 15 Minuten garen.

Zubereiten: 40 Minuten

Tipp: Der Kürbis kann auch gut im Backofen gegart werden. Dazu den leeren Kürbis bei 180 Grad ca. 10 Min. vorgaren. Dann füllen und weitere 15 – 20 Min. garen.

Nussbraten

Für 4 Personen

Das brauche ich:

- 1 große Zwiebel, fein gehackt
- 1 Knoblauchzehe, fein geschnitten
- 1/2 Stange Lauch, in feine Ringe geschnitten
- 4 EL Öl
- 100 g Grünkernschrot
- 200 ml Gemüsebrühe
- 1 Dose Tomaten, stückig
- 2 Eier
- 100 g Semmelbrösel
- 200 g gehackte Walnüsse
- 100 g Sonnenblumenkerne
- 200 g geriebener Käse
- Gartenkräuter, frisch oder getrocknet
- Salz, Pfeffer

So geht es:

- Zwiebel, Knoblauchzehe und Lauch in Öl andünsten.
- Schrot, Gemüsebrühe und Tomaten zufügen.
- 10 Min. köcheln und etwas abkühlen lassen.
- Mit den restlichen Zutaten vermischen. Kräftig abschmecken.
- In eine ofenfeste Form füllen.
- Umluft 150 Grad ca. 40 Min.
- Vor dem Anschneiden 30 Min. ruhen lassen.
- Mit Tomatensoße servieren.

Vorbereiten: 50 Minuten – Backen: 40 Minuten – Ruhen: 30 Minuten

Tipp: Der Nussbraten schmeckt auch kalt mit Joghurt oder Chutney.

Indisches Kraut

Für 3 Personen

Das brauche ich:

- 100 g Grünkern, ganzes Korn, eingeweicht
- 250 ml Wasser (zum Einweichen)
- 1 Zwiebel, fein gehackt
- 1 Stück Ingwer, fein geschnitten
- 3 EL Öl
- 1 kleiner Kopf Weißkohl, fein gehobelt
- 50 g Kokosraspel
- 2 EL Curry
- 1/8 l Sahne
- Salz

So geht es:

- Grünkern garen.
- Zwiebel und Ingwer in Öl andünsten.
- Weißkohl, Kokosraspel und Gewürze zugeben.
- Unter mehrmaligem Wenden schmoren.
- Sahne und Grünkern zugeben.
- Kräftig abschmecken.

Zubereiten: 30 Min.

Brotaufstrich 1

Das brauche ich:

- 75 g Grünkernschrot
- 180 ml Gemüsebrühe
- 1 kleine Dose weiße Bohnen
- 40 g Fett (Butter, Kokosöl …)
- 1 TL Majoran
- 1 TL Thymian
- 1 EL Hefeflocken
- 1 TL Salz
- Kräutersalz

So geht es:

- Das Schrot in der heißen Brühe ausquellen lassen.
- Die restlichen Zutaten zugeben, und mit einem Stabmixer fein pürieren.

Quellen: ca. 20 Min.
Zubereiten: 15 Min.

Info: Die Menge passt in drei 150g-Gläser. Der Aufstrich hält im Kühlschrank gut eine Woche.

Brotaufstrich 2

Das brauche ich:

- 100 g feines Grünkernschrot
- 230 ml kochendes Wasser
- 1 Zwiebel, fein geschnitten
- 2 EL Olivenöl
- 1 TL Salz
- Pfeffer
- 1 TL Majoran
- 1/2 TL Maggikraut (Liebstöckel)
- Muskat
- gehackte Petersilie

So geht es:

- Das Schrot im Wasser gut 15 Min. quellen lassen.
- Die Zwiebel in Öl andünsten.
- Etwas abkühlen lassen.
- Alle Zutaten vermischen und gut pürieren.
- Soviel Olivenöl zufügen, dass eine streichbare Masse entsteht.
- Kräftig abschmecken.
- In zwei 150g-Gläser füllen.

Zubereiten: 30 Minuten

Variante: Getrocknete, in Öl eingelegte Tomaten kleinschneiden und zugeben. Dann braucht kein Olivenöl beigefügt werden. Da die Tomaten viel Salz enthalten, unbedingt die angegebene Salzmenge reduzieren.

Käsetaler

Brotaufstrich

Paprikamuffins

Paprika-Muffins

Für 4 Personen

Das brauche ich:

- 200 g Paprikaschoten
- 2 Eier
- 200 ml Milch
- 100 g Käse, gerieben
- 170 g Grünkernmehl
- 2 TL Backpulver
- 1 TL Kräutersalz
- Pfeffer
- Paprika, geräuchert

So geht es:

- Paprika in kleine Würfel schneiden.
- Eier trennen.
- Eiweiß steif schlagen.
- Vom Käse etwa 1/4 zur Seite legen.
- Das Eigelb mit den restlichen Zutaten zu einem Teig rühren.
- Paprika und Eiweiß unterheben.
- In 12 gefettete Muffinförmchen füllen.
- Mit dem restlichen Käse bestreuen und backen.
- Umluft 160 Grad, ca. 20 Min.

Zubereiten: 30 Minuten

Käsetaler

Ein feiner Snack für den kleinen Hunger

Ergibt ca. 60 Stück

Das brauche ich:

- 200 g Grünkernmehl
- 1 TL Backpulver
- 120 g Butter oder Margarine
- 80 g Parmesan, fein gerieben
- 1/2 TL Salz
- 2 EL Schmand

So geht es:

- Alle Zutaten gut vermengen.
- Zwei Rollen formen
- Ca. 30 Min. kaltstellen.
- In ca. 0,5 cm dünne Scheiben schneiden.
- Auf ein mit Backpapier ausgelegtes Blech legen.
- Umluft 150 Grad, ca. 10 Min.

Zubereiten: 25 Min. – Ruhen: 30 Min.

Focaccia

Eine ideale Begleitung für Suppen

Für 4 Personen

Das brauche ich:

- 200 g Grünkernmehl
- 150 g Dinkelmehl
- 1 TL Salz
- 1 Packung Trockenbackhefe
- 3 EL Olivenöl
- 300 ml lauwarmes Wasser
- 1 TL grobes Salz, ganz zum Schluss

So geht es:

- Hefeteig zubereiten. 10 Min. kneten.
- Gut 60 Min. gehen lassen.
- Kurz durchkneten, und in eine gefettete Quicheform geben.
- Vertiefungen machen.
- Mit Olivenöl bestreichen.
- Das Salz darüberstreuen.
- 30 Min. gehen lassen.
- 30 Min. backen, Umluft 175 Grad.

Variationen: Rosmarin oder gehackte Salbeiblätter, schwarze Oliven oder gehackte Zwiebeln in den Teig einarbeiten.

Zubereiten: 20 Minuten – Gehen: insgesamt 90 Minuten

Feine Gewürzkekse

Apfelbrot

Apfelberge

Apfelberge

Grünkern und Apfel harmonieren wunderbar miteinander

Das brauche ich:

- 100 g Butter oder Margarine
- 70 g Rohrohrzucker
- 1/2 TL Vanille, gemahlen
- 2 Eier
- 250 g Grünkernmehl
- 1 gehäufter TL Backpulver
- 2 - 3 Äpfel
- evtl. 2 - 3 EL Wasser oder Apfelsaft
- Puderzucker

So geht es:

- Rührteig zubereiten.
- Die Äpfel grob raspeln und einrühren.
- Ist der Teig zu fest, noch Apfelsaft oder Wasser zufügen.
- Der Teig soll weich, aber noch formbar sein.
- Backblech mit Backpapier auslegen.
- Mit einem Esslöffel kleine Häufchen aufs Backblech setzen.
- Umluft 175 Min., ca. 20 Min.

Vorbereiten: 30 Minuten – Backen: ca. 20 Minuten

Apfelbrot

Das brauche ich:

- 750 g Äpfel
- 200 g Zucker
- 250 g Rosinen
- 125 Haselnusskerne
- 100 g Orangeat
- 1 EL Rum
- 1 EL Kakao
- 1 TL Zimt oder Lebkuchengewürz
- 400 g Grünkernmehl
- 100 g Dinkelmehl
- 2 Päckchen Backpulver
- evtl. etwas Mineralwasser

So geht es:

- Äpfel schälen und würfeln.
- Den Zucker darüber streuen.
- Über Nacht zugedeckt ziehen lassen.
- Mit den restlichen Zutaten verkneten.
- Ist der Teig zu trocken, etwas Mineralwasser zufügen.
- In zwei gefettete Kastenformen füllen.
- Umluft 150 Grad, ca. 45 Min.

Vorbereiten: 15 Minuten
Zubereiten: 15 Minuten
Backen: 45 Minuten

Feine Gewürzkekse

Ein Leckerli für zwischendurch

Ergibt ca. 70 Stück

Das brauche ich:

- 200 g Grünkernmehl
- 100 g Dinkelmehl Type 1050
- 1 Ei
- 180 g Margarine
- 100 g Rohrohrzucker, fein
- 1 P Vanillezucker
- 1 EL Zimt
- 1 TL Ingwer, gemahlen
- 1 Prise Salz

So geht es:

- Alle Zutaten gut vermengen.
- Zwei Rollen formen, und ca. 30 Min. kaltstellen.
- In ca. 0,5 cm dünne Scheiben schneiden.
- Auf ein mit Backpapier ausgelegtes Blech legen.
- Umluft 150 Grad, ca. 15 Min.

Zubereiten: 25 Minuten – Ruhen: 30 Minuten – Backen: ca. 15 Minuten

Tipp: Ist der Rohrzucker grob, kann er ganz einfach in einem hohen, schmalen Gehälter mit dem Mixstab fein gemacht werden.

Notizen

Notizen

Titel: GRÜNKERN - Ein außergewöhnliches Getreide mit Pfiff und Charakter

Autorin: Monika Heimann (1. Auflage 2020)

Cover- und Bildgestaltung: Monika Heimann mit CANVA

Dieses Werk ist urheberrechtlich geschützt. Jede Verwertung ist ohne Zustimmung der Autorin unzulässig. Dies gilt insbesondere für die elektronische oder sonstige Vervielfältigung, Übersetzung, Verbreitung und öffentliche Zugänglichmachung.

Impressum

Monika Heimann
Helen-Keller-Str. 16
89231 Neu-Ulm
Deutschland
moheim16@googlemail.com

Printed in Great Britain
by Amazon